저 흰구름 흘러가는 길

김용환 시집

* 본문에 들어간 서예, 그림, 사진은 저자가 직접 그리고 찍은 사진임.

저 흰구름
흘러가는 길

도서출판 배문사

[책 머리에]

사람 냄새 나는 문학의 길

문학에 대하여 어떤 경외심을 가지고 있었습니다.

그래서 젊었을 때부터 시를 잘 쓰는 사람들을 항상 부러워했습니다. 어느 때인가는 연암 박지원(朴趾源, 1737-1805) 선생이 큰누님의 상여를 보내면서 '새벽달은 내 누님의 눈썹'이라고 한 표현을 보고 감탄에 감탄을 더했던 날도 있었습니다.

서예를 하고 사군자를 치면서도 언젠가는 꼭 시를 써서 발표해 보려는 생각에 빠지곤 했습니다. 삶을 객관적으로 투시하는 시선을 절제된 언어로 표현하는 동시에 사물의 핵심을 놓치지 않는 시문학의 세계에 진정으로 들어가고 싶었습니다.

시문학이 모든 예술 장르 중에서 가장 철학적이며 숭고한 예술이라고 많은 평자들은 일컫습니다. 시문학은 언어예술의 정법입니다. 사람들이 한 생애를 살고서 자신을 사후에 남기는 표상으로서 시작품보다 더 좋거나 적절한 게 없을 것 같습니다.

"인생은 짧고 예술은 길다"라고 했는데, 이때 '긴 예술'일수록 가장 예술성이 높은 것일 것이며, 그것이 시작품일 때는 더욱 실감이 납니다.
 현대시의 구조는 대체로 자아를 인식하는 과정에서 시간과 공간의 개념을 융합하고 시간성에 따라 변화된 상황이 시인의 상상력으로 재생되는 패턴을 갖는다고 합니다. 하지만 저는 무엇보다도 '사람 냄새 나는 문학의 길'을 걷고자 합니다. 늦은 감이 있지만 열심히 이 길을 걸어가겠습니다.
 필연성 없는 산문성의 경향, 시언어의 무절제한 남발, 소통이 불가한 시들이 범람하는 현 시대에 활화산 같은 치열한 시정신과 서릿발 같은 절제된 언어로써 서정시 본래의 감동을 전달하는 시인의 길을 걸어가겠습니다.
 시인의 길로 들어서게 추천해 주신 김우종 교수님께 깊이 머리 숙여 감사드립니다. 그리고 늘 지도편달을 아끼지 않으시는 이우규 고문님께도 큰절을 올립니다. 또한 동창생들, 함께 운동하는 삼우회 회장과 회원들께도 감사 인사를 드립니다.

우리 가족 내자 이태순, 큰아들 김기엽, 며느리 유정민, 딸 김기례, 작은 아들 김효정, 손자 김현종, 손녀 김채연에게도 따뜻한 미소를 보냅니다.

  새봄이 시작되었습니다. 첫시집이 나오게 되어 기쁘기 짝이 없습니다.

2025년 4월에

김 용 환

차 례

1. 고향 길

고향 길__13   고향 하늘__14
대장간 그리며__17   그곳에 가고 싶다__18
초등학교 교정__21   검은들__22
설화산雪華山__24   현충사顯忠祠__26
신정호神井湖__30   신정관神井館__33
영괴대(靈槐臺: 神井館)__35
고향 온양・1,2__36   옥정교・1,2__38
고향의 곡교천__40

2. 봄바람

그해, 5월 지나 동백꽃__43
봄꽃과 초록잎__45   봄날은 간다__46
산수유 꽃차__48   꽃은 허무하다__49
상긋한 봄바람__50   개나리꽃__51

3. 흰 구름, 검은 구름

흰 구름, 검은 구름__55　　　빗속에서__57
추억의 나비 떼__59　　　가을 나그네__60
가을 숲__61　　　가을꽃은 행복__63
설악산 단풍__64　　　소나무 상처__65
박물관__66

4. 눈내린 새벽

수덕사에 눈 내리면__69
겨울 바다__70　　　겨울 나무__72
잎 진 나뭇가지__73
눈 내린 새벽__75　　　겨울 눈__76
눈은 내리는데__77　　　얼음 산__79

5. 징검 돌

어느 문門__83   바위와 소나무__85
어떤 울타리__86   징검 돌__87
갑사甲寺__88   속리산__89
노래・1,2,3__90   꿈 같은 세월__93
하얀 돌__94   그윽한 뜻__97
뤼순 감옥 탐방__98
안중근 의사의 어머니 편지__100
길 찾아__103   아침의 노래__104
사람 벽__106
쓸쓸함, 외로움, 싱그러움__108
버클리의 추억・1,2,3__110
책册__113   《벤허》의 경주마__114
은혜로 만남__118

〈평설〉
무지갯빛 희망을 꿈꾸는 종합 예술인__121

1
고향 길

고향 길

고향 길 걷는다,
자꾸만 사라지는 발자국처럼
반짝이는 가로수 잎새에
한 마디씩 떨어지는 그리움을 벗삼아,

해마다 흰머리 쓰다듬으시던
어머니에게 눈물이 되어 선 안 된다
입술 푸른 뻐꾸기는
고요를 시늉한 붉은 노을 속
정박한 이야기인가

가다가 더러는
슬몃 어머니 숨결이 다가오는데
고달픈 나날이 사무치도록
어젯밤 꿈에는 새하얀 무명옷 차려입은
어머니,
안방 마루에서 화안히 웃고 계셨다.

고향 하늘
  −7공회 그리며 −

나는 어디에서 반짝임을 얻을까.
모든 삶의 비늘 털어 버리고
터벅터벅 고향에 간다

모교의 지붕 위에
고즈넉이 내려앉은 향수가
백발 친구들을 불러 모은다

다른 모든 것이 하찮은 것이 되어도
고향은 날이 갈수록 싱그러워진다
길 가의 스피커에서 노래가 흘러나온다
'우린 늙어 가는 것이 아니라
 조금씩 익어 가는 겁니다'

곳곳에서 숱한 풍파를
일으켜 온 세상 바람도

고향에선 부드럽게 변모한다
그때 비로소 뼛속에 배인
백발 친구의 우정을 느낀다
오늘, 산기슭마다
어려움 가득한 삶일지라도
고향 하늘을 떠올리기만 해도
붉은 황톳길에 느껴지는
지울 수 없는 그리움 솟아난다.

대장간 그리며

어린 시절, 대장간 앞에서
풀무로 이글이글 뜨거운 불을 만들고
뜨거움으로 불린 벌건 시우쇠를 받침으로 쓰는
모루 위에 놓고 쾅쾅 두드리는 걸
눈여겨 보곤 하였다

시우쇠가
호미도 되고, 낫도 되고,
갖가지 농기구가 탄생하는 걸 보며 무언가
숙연함을 느끼곤 했다

지금 회억해 보니
명랑하고 인정 많던
대장장이 아저씨로부터
사람의 삶도 그렇다는 걸
무언중에 배웠던 것 같다.

그곳에 가고 싶다
― 신정호 옥련암을 그리며 ―

무수히 흐르는 삶의 발자국따라
올라가는 기쁨과
떨어지는 낙엽 사이
고달픔이 가슴 적시면
둥지 하나 틀지 못하고
그곳에 가고 싶다

그리움과 보고픔 하나로
가슴속에 솟아오르고
걷고 또 걸어 다리 아프고
지치고 남루한 하루하루가 오가더라도
그곳에 가고 싶다

나는 한 마리 착한 산비둘기가 되어
저 하늘 높이 비상하나니
저무는 대웅전 하늘을 지나
백색 연꽃 피어날 때에도

그곳에 가고 싶다

고찰의 바람소리 풍령風鈴에 흔들리며
하르르 하르르
낙엽지는 날에도
그곳에 가고 싶다

내가 가진 것이 빈손밖에 없을 때에도
그대 바라보는 동안은
나 부처님의 미소 닮을 수 있나니
나 오늘,
그곳에 가고 싶다.

꽃은무슨일로피면서쉬이지고풀은
어이하여푸르는듯누르나니아마도
변치아닐슨바위뿐인가하노라

이천십사년 윤선도의 오우가 월정 김용환

초등학교 교정

지그시 눈 감으면
타임머신 탄 것처럼
학교 종소리가 들린다
휘연한 맑은 기운따라
그리움이 울타리 나팔꽃처럼 피어난다
머리에 서리 앉은 오늘도,
그날의 굴렁쇠 굴리던 추억이 떠오른다
탁 트인 목청으로
고단한 나날의 싱그러운 노를 젓는다
오뚝이처럼 해님을 향하고,
추억의 잠자리 뒤를 가만가만 좇아간다
모여 앉은 그날 그때를 살뜰히 떠받친다.

검은들
― 흑석동=방축동 ―

고향 검은들 길을 걸으면
하루 종일 걸어도
다리가 아프지 않습니다

고향 검은들 길을 걸으면
매서운 추위도 안 무섭고
펑펑 쏟아지는
함박눈은 즐겁습니다

고향 검은들 길을 걸으면
자치기 하던 친구들
뒷동산에서 축구하던
친구들이 떠 오릅니다

고향 검은들 길을 걸으면
머리 하얀 친구들도
어릴 때의 달콤하면서도

그윽한 추억에 잠깁니다
저 하늘의 평화
야생 찔레꽃 향기가
길 위에 가득합니다.

설화산 雪華山

하늘은 청잣빛으로 빛나고
길들이 푸르른 날에
고향 설화산에 오르네

반짝이는 이슬방울들을
발등에 한번 받으려고
튀어오르는 방아깨비를 봐

어린 시절 소풍 가던
그리움이 끓어져서
그 동안 쓸쓸한 마음의 행간을
찾을 수 없었네
바로 발 밑에서 장끼 한 마리
화들짝 날아가네

하늘빛 추억이 담긴
그리운 설화산에는

어린 시절의 꿈이 뛰놀고 있네
봄 따라 온갖 꽃 피어나고
가을바람에 일렁이는 단풍,
온천초등학교 교가에도 나온
아름다운 산이었네.

현충사顯忠祠

꽃 피는 봄, 단풍 고운 가을
우리 초등학교 소풍은
현충사로 많이 갔었네
임진왜란 때 우리나라를 구한
세계적 명장이신 이순신 장군을 모신
충남 아산시 염치읍 백암리에 자리한
현충사로 자주 갔었네
담임 선생님은 소풍 전날부터 충무공에 대해
말씀해 주셨지
억울한 누명 쓰고 백의종군白衣從軍
때에도
오직 나라만 생각하셨고,
원균이 패하여 전선이 많이 무너진 걸
선조 임금이 걱정하자
"신에게는 아직 열두 척의 배가 있사옵니다"
늠름한 음성으로 답하셨네
조선의 풀잎들조차 엎드려

일제히 성긴 머리를 풀어
충무공 이순신 장군을 찬양하였네
조총 들고 승승장구하던 왜군들
그 누가 알았으리
우리 조선 바다에
삼도 수군통제사 충무공 이순신 장군이
꿋꿋하게 우뚝 계셨음을
뛰어난 학익진鶴翼陣 전술, 용맹스런 작전으로
한 번도 싸움에 진 적이 없는 충무공이시여,
철갑 거북선의 위용이여,
그 누가 알아주지 않아도
한산섬 달 밝은 밤 늦도록
나라를 걱정하며
《난중일기》를 쓰셨네
왜군들이 퇴각하며
길을 터주면 조용히 물러가겠노라고 했지만
"우리 강토를 더럽힌 왜군을

한 명이라도 살려 보내지 않으리!"
필사즉생必死則生 필생즉사必生則死
(죽고자 하면 살것이오, 살고자 하면 죽는다)
크게 외치며 왜군들을 물리치셨네
선조 31년 11월 19일 노량해전 때
관음포에서 왜병의 총탄을 맞고
쓰러지면서도
"싸움이 급하다 단 한 명의
 조선 수군도 동요되어서는 아니 되니,
 나의 죽음을 결코 알리지 말라"
세계적인 유언을 남기고
우리 역사의 크나큰 별이 되셨네
현충사에 가서 충무공 영정과 검도를
우러러볼 때마다
기억하라고 타는 눈빛으로
건네주시는 말씀
"나라를 사랑하고, 나라를 위해 일하라"

오늘 우리는 알겠네
일찍이 어린 시절부터
장엄한 나라 사랑을 온몸, 온정신으로 배운
우리들은
심연에서 울리는 애국심도
오늘까지 순열한 가슴으로 모시고 사네.

신정호神井湖
－ 저수지의 추억 －

고향 하면 신정호가 떠오르고
신정호 하면 수상각이 떠오르네,
추억의 그윽함이여,
어린 날 여름만 되면
우리 여름 아이들은
참외, 수박을 물에 던져 놓고
수상각에서 다이빙하여
저쪽 수문까지 헤엄쳐 다니곤 하였네

비가 많이 와서 물이 둑을 넘치면
온 동네 아낙네들이 왜목으로 모여들어 밤새도록
흰살을 내놓고 목욕을 즐겼지
그 푸르른 어린 날은
눈부심이 아니, 꽃다움도 아니
그저 저절로
우리에게 다가와
청명과 낭만의 추억이 되었네

나이 들어 가보니
고요와 평온 속에
저수지는 조용히 누워 있네
서울살이 지치고 고달파 고향에 내려가
신정호를 내려다 보면
진실로 진실로
나를 위로해 주고 다독여 주네
신정호여! 수상각이여!

신정관神井館
- 현, 온양관광호텔 -

내 고향 온양온천에는 철도호텔 관사가 있었네
그곳에는 내 어린 꿈이 서려 있네
철도호텔 공무원이신 아버지 따라 그곳에서 살았네
그곳은 신정관인 철도호텔이었으나 6·25전쟁 때
폭파되고 현재 온양관광호텔이 되어 스며오는 추억,
번져오는 추억으로 남아 있네
봄에는 호텔 내 영괴대靈槐臺 느티나무에 푸릇푸릇
새싹이 돋아나고 시민들의 사랑으로 희망이 솟아났네
여름에는 시원한 그늘, 삽상한 바람 있어
시민들의 싱그러운 휴식처가 되었네,
가을엔 곱디고운 단풍 들고,
'인제 어디 갈 거야, 삶도 노을이 있어!' 말하듯
우수수 무리져 낙엽지며 인생을 알려주었네
겨울엔 파랗게 날선 바람 불어도
손 내리지 못하는 성자처럼 우뚝 서서 노래했네
내년 봄을 기다리는, 아이를 기다리는
어머니 같은 그윽한 자세를 보여주었네.

영괴대靈槐臺
― 신정관神井館, 현 온양관광호텔 내 ―

신정관 영괴대를 떠올리면
어느 날 보았던
새 한 마리가 떠오르네
작은 나뭇가지에 산비둘기
한 마리 앉아 있었네
그 나뭇가지 작게 흔들리기 시작하였고
새가 날아간 후에도 나뭇가지는
망연히 아직 떨고 있었네
아무것도 모르고 떨고 있었네
그 나뭇가지 혼자 우는 것만 같았네
남아 있는 고향 풍경이
뉘엿뉘엿 황혼에 물들었네
저 산비둘기는 마치 나의 분신 같았네.

고향 온양 • 1

눈 오고 비 오고 바람 불고 벼락쳐도
고향 온양을 떠올리면 따뜻해진다
고향 이름이
따뜻할 온溫, 부드러울 온溫,
볕 양陽, 양기 양陽이기도 하지만
추억이 있어 늘 따뜻해진다
우리가 세상의 폭풍에도 꺾이지 않고
우리가 험난한 길에서도 주저앉지 않는 것은
즈믄 하늘 견디고 사는 법을
고향 온양이 일깨워 주었기 때문에
고향 온양은 오늘도 따뜻합니다
고향 온양은 어머니의 품안 같습니다.

고향 온양 • 2

푸르스름한 어둠 속에 있더라도
고향 온양을 떠올리거나
고향 온양에 가면
첫눈 온 아침처럼 기분이 상쾌해집니다
생각하노라면 다시 몇 백 년쯤
따뜻한 고장
따뜻한 볕 속을 걸어갈 수 있을 듯합니다
그리고 아쉬움 훌훌 털어내고
살아라, 살아서
고향을 노래하고 싶어집니다
큰 목소리로 노래하고 싶어집니다.

옥정교 • 1

어떤 그리움에서는 무지갯빛 나오고
어떤 그리움에서는 눈물이 나오네
어떤 그리움과 그리움을 마주쳐
추억의 호수를 만들고
어떤 그리움과 그리움은 서로 만나
하늘의 별빛이 된다네
곡교천은 온양 시민의 민물해수욕장이었다네
옥정교 아래 곡교천은 그리움의 호수라네
모시조갯국은 고향의 맛이었네
뉘엿뉘엿 황혼길에 가보아도
옥정교와 곡교천은 따뜻하고 편안하게
느껴진다네
옛날처럼 확실하고 다정하게 환영한다네.

옥정교 • 2

고향 꽃들이 산들바람과 춤추고
소나무들은 양지쪽에 서서
장단에 맞추어 몸을 흔들며 환영한다네
왁자지껄하던 고향 꽃들이 잠잠해지자
고운 황혼빛이 펼쳐졌다네
시인아! 당신이 올 곳은
여기밖에 없는 것이라오
시인아! 당신이 노래할 곳은
여기밖에 없는 것이라오
옥정교 위로 불어오는 산들바람과
호수의 물결은 춤추고 노래하네,
고향의 추억을.

고향의 곡교천

그대 앞
그리운 는개와 안개 바다가 펼쳐지면
외딴 섬이 됩니다

그대 앞
바람이 불면
비로소 굽이쳐오는 메아리가 됩니다

그대 앞
펑펑 함박눈이 내리면
마냥 고운 순백의 그리움이 됩니다.

2
봄바람

그해, 5월 지나 동백꽃

한적한 산길 휘돌아
피었어도 좋았을 꽃,
그저 조용히 피었다가
져도 좋았을 꽃,
여리여리한 푸른 하늘
그렸던 꽃,
입술 적시어 고운 노래하던 꽃,
닫힌 귀들이 사납게
몰아쳐 몰린다
아, 그해 5월 지나
다음해 새봄 되자
꽃숭어리 뚝뚝
떨어져버린 그해,
붉은 꽃은 뚝뚝
떨어져버리고
이파리만, 이파리만
겨우 푸른 빛을 띠는구나.

봄꽃과 초록잎

너무 보고 싶었던
봄꽃의 불꽃놀이
복숭아, 살구꽃의 분홍 불꽃
사과꽃, 배꽃의 하양 불꽃
터지자마자 사라져버린 향기인가
이끼 낀 정신이
뜬눈으로 찾아보니
아, 초록잎의 노래 들린다
그윽한 뜻 숨긴 대자연의 미소들,
그래, 가장 즐거운 낯으로
가난스런 내 마음에 다시금 피어다오
내 삶의 야윈 어깨를
조용히 쓰더듬어다오
그리운 마음과 기다리는 마음에
봄바람은 흐르고,
아름다이 맑은 꽃을 피우고.

봄날은 간다

봄이 오면 멋들어진 차를 타고
연분홍 살구꽃 핀 마을에 가리라
진달랫빛 봄바람 불어오면
휘파람 불며 불며
아지랑이 길을 걸으리라

이 세상에서 가장 행복한 미소를 지으며
모두 용서하고 모두 사랑하며,
은난초 핀 오솔길을
노고지리 노래 따라
걷고 또 걸으리라

봄이 오면 돛단배 타고
수평선 저 멀리 멀리 나아가리라
싱그러운 하늘빛 돛을 올리고
다사로운 햇살 아래,
그리운 사람들을 찾아가리라

구름 뚫고 솟아오르는
푸르른 노래를 부르리라
아, 이 찬란한 봄날도
세월 따라 흘러간다
꽃잎이 떨어지니 봄날은 간다
그리움과 기다림 부여안고
봄날은 간다, 봄날은 간다.

산수유 꽃차

매서운 눈보라와 이별하고
산수유 꽃차 우려
겨울 잔해를 털어냅니다
그대를 닮은 봄도
매화 향기 몰고 오니
그대를 비우고
나를 비우고
허공 건져 마음에 부리니
서정시가 흘러내립니다.

꽃은 허무하다

샛별 오름에
샛별이 떠오르면
다시금 찾아오는 봄이여,
기억의 숲으로 날아드는
추억처럼 흘러간 날들은
오지 않는다
매화, 벚꽃, 산수유, 풍년초
꽃은 떨어져 다시 피지 못하네

언제나 낯선 바람이 분다
그대 떠나간 그 자리에,
층층이 검은 돌담엔
매화, 벚꽃, 산수유, 풍년초
꽃잎만 바람에 날리네.

상긋한 봄바람

하늘의 문이 열리고
빛과 밝음을 전하는
봄바람이 불어오네
봄날 황홀의 들녘 지나
상긋한 봄바람이 불어오네

아른한 꿈속에서도
넉넉하게 꽃망울은 커지네
너무나 벅찬 생명의 빛남에
저 황홀한 푸르름,
싱싱하게 빛나는 목숨의 평화를 보네
신비로운 풀밭에서
희고도 눈부신 봄바람을 보네.

개나리꽃

봄의 전령사,
금가락지가 주렁주렁
환한 빛깔의 총화總和가 있어라

가다간 반짝이고
가다간 아름답게 웃는 모습,
싱그러운 광명의 노래가 있어라

노오란 네 꽃잎이 피려고
모처럼 고향이 떠오르고
임의 퉁소 부는 솜씨가
이 아침, 되살아 나오너라.

碧玉盤中弄水晶黃
金合裏盛紅雪

乙未孟秋月訂

3
흰 구름, 검은 구름

흰 구름, 검은 구름

여름 내내
제 스스로의 빛남에 도취하여
흰 구름과 검은 구름이
숨바꼭질을 한다
열매들은 마른 씨알 몇 개로 남아
땅속에서 도취하고 있다
흰 구름은 희망,
검은 구름은 절망,
하늘이여, 이제 변혁을 이겨내라
육신이란 바람에 굴러가는
헌 누더기에 지나지 않았어라
그래도 아득한 삽화 떠올라
기다림과 그리움에 젖게 하여라.

빗속에서

비가 내린다
실연하고 돌아와
엄마의 품에 안긴
소녀의 눈물처럼
이랑이랑 비가 내린다

비가 내린다
텅 비어 자유로운 하늘을,
무엇이든 새로 품을 수 있는
저 먹구름 하늘에서

비가 내린다
비 그친 후, 정원에서는
꽃, 꽃, 한 송이 기쁨이
반듯이 피어난다.

추억의 나비 떼

내 몸 안에 사는 나그네 하나,
손 놓고 깊은 고향 하늘 속으로
다시금 떠납니다
뜨겁고 무성하였던 추억 속에서
들꽃 위로 날아다니는 나비 떼,
노자가 꾼 꿈속의 나비는
내가 나인지, 나비가 나인지
몰랐다 하네
고향에 가서 잠자면
이제 무엇을 또 어쩌자고
추억의 나비 떼 날아와
자꾸 내 잠을 깨우고 있다네.

가을 나그네

푸른 강물 위엔
하얀 거품
하얀 거품 위엔
갈색 낙엽 하나
그 위에 빈 배처럼
정처없이 떠나고픈
이 마음
갈바람은
어디를 가자고
옷자락을
마구 흔드는가
가을아!

가을 숲

가을 숲에 앉아 있으면
파도 소리가 들려오네
날아들던 빛살이 부서져
금빛 고기떼로 반짝이네

가을 숲에 앉아 있으면
바람이 풀어 놓은
노래들이 들리며
우수수 무리져 떨어지는
설레는 단풍들이
내년을 기약하며 흘러가네.

가을꽃은 행복

복사꽃 피는, 살구꽃 피는
정다운 동네, 봄꽃은 희망이었다
벼꽃, 황금 들판을 이루는 가을꽃은
행복이었다
어찌 가을바람은 햇빛 속에서
어쩔 수 없이
농부들에게 희망과 행복을 주었다
벼꽃, 콩꽃, 들깨꽃
농부들의 땀에 보답하는
가을꽃은 행복이었다
황금벌판의 물결 일렁이는
하늘의 가르침을 배우고
바다처럼 솟구치는 행복을 느꼈다.

설악산 단풍

설악산은
머리가 지끈거리고
화가 난다
저 노랫소리,
저 회오리춤에
화가 날대로 난
붉디붉은 불길,
그래, 그래,
저 뜨거운
불길 속으로
화아악, 투신하고 싶다.

소나무 상처

고향 숲길을 지나가다
솔잎내 매우 강한 소나무 찾으니
줄기에 깊숙한 상처를 지닌 나무였어
속내를 내보이는
그 나무에서
아프디 아픈
육체의 진정성을 볼 수 있었어
나이 탓이겠지만
다른 사람의 상처도
소나무의 상처도 잘 보여요.

박물관

가을에 박물관을 찾아가면
청자, 백자 앞에선
머리가 저절로 숙여지네
은은한 그림 속에서
멋진 여유도 맛보고
어디서부터 오는지
진한 역사의 향기가 풍겨오네
숱한 고난의 역사를 거쳐오고도
저렇듯이 향기로운
역사의 향기를 보내주네
인연의 끈이 질기고 질겨
그리운 가슴 안은 채
박물관을 찾아가면
수천 년의 역사를 불러
꿈꾸는 노래가 들리네.

4
눈내린 새벽

수덕사에 눈 내리면

수덕사에 간다
살아갈 날이 짙은 안개 속
첩첩으로 쌓이면
살집 좋은 산바람이 그치고
펑펑 함박눈이 내린다
눈발이 쏟아지다 고요해지면 오솔길은
더 쓸쓸히 깊어만 간다 날기를 멈추고
좁은 둥지 속으로 둥글게 몸을 넣는 산새들,
눈 맞으며 저 높은 하늘 우러러
기도하는 여인이 보인다
문득,
가녀리게 영혼을 빚진 듯 살아간
한 여승의 얘기가 떠오른다
눈은 쌓여 잘 보이지 않는 산길,
그 산길의 오래 된 자세를 본다
얼마나 많은 수덕사를 읽어야
저 하늘의 마음을 알까.

겨울 바다

그리운 이여,
이 겨울 바다가 허락하지 않은
보고픔이
저문 파도로 우리의 꿈을
어지럽히는 까닭을 아는가

그리운 이여,
이 겨울엔 절망이란 말을 버리자
처얼썩 철썩
그대의 뜨거운 노래를
초록빛 섬을 가두고
왜 희망의 꿈을 적시는지 아는가

그리운 이여,
차갑고 투명한 시어詩語를
슬쩍 찾아온 별빛이
처얼썩 철썩

왜 끊임없이 파도에 마음을
실어보내는지 아는가
그리운 이여!

겨울 나무

겨울 나무는 순수의 모습으로
이파리들 다 떨어내고
부끄러움 없이 옷을 벗어버렸다
겨울 나무는
이파리 자식들 다 떠나보내고
어떤 성자聖者처럼
앙상한 팔을 내리지 못하였다
비로소 손을 흔들며
내년 봄 노래를 위해
기쁘게 다가오고 있음을
뉘엿뉘엿 황혼 속에서
조금씩 조금씩 기도하고 있었다.

잎 진 나뭇가지

잎 진 나뭇가지 사이로
흐린 하늘만 이쪽에서 저쪽까지
걸쳐 있네

오늘 진눈깨비 내리는 속으로
너는
거룩한 성자처럼 손을 내리지 못하네

안으로 체험을 불러 모으는 눈을 들어
그 머언 봄하늘을 기다리며
기도하는 마음으로 서 있네

아직은 네 앞에 나타나지 않은
봄 나비 떼
겨울이 깊었으니 곧 봄 오고
파릇파릇 희망의 새잎들이 피어날 것이네.

찬서리는보라에 덜개외려 독르르고
바람이 절로이는 소나무 구름은 가지이
제 막 백학 한 쌍이 앉아 깃을 접는구

을미년겨울 김상욱 의 빅자북 월정 김 용환

눈 내린 새벽

눈 내린 새벽이면
한 음성 울린다
"고향 들녘이 그립지 않은지?"
"고향의 친구들이 그립지 않은지?"

눈 내린 새벽이면
온 세상이 순백의 적열로 마감하고
저 하늘 너머의 어디에서부터
울려오는 그윽한 음악이 울린다

눈 내린 새벽이면
어릴 때 정들인 산하,
그곳으로
마음 비우고 싶다
외로운 이들과 함께
고향으로 가고 싶다.

겨울 눈

꽁꽁 언 겨울 땅 위로
펑펑펑 겨울 눈이 쌓였다
그 땅속에서도
내년 봄을 기다리는
삶이 있을 것이다

얼음장 아래로 아래로
돌돌돌 물은 흐르고
입춘대길이란 춘방을 물고
곧 봄새들은 날 것이다
푸르디푸른 새싹들은
솟아오를 것이다.

눈은 내리는데

눈은 내리는데
그 님은 어디에도 없습니다
밤새 대나무 우듬지와 가지들이
눈의 무게로 차악 휘었습니다

눈은 내리는데
앞산과 뒷산의 소나무 숲은
수많은,
하이얀 무덤들이 되었습니다

눈은 내리는데
우리 첫사랑, 그 님은 어디에도 없습니다
난 기다림으로 장승이 되고
삼라만상은 그녀의 얼굴이 되고
나는 그 님을 마냥 그리워합니다.

얼음 산

눈부신 후광 부둥켜 안고
몸부림치는 마를 대로 마른 소나무여,
눈보라 볼 때마다
오르는 입김마다
녹일 수 없는 꼿꼿함은 어떻게 할 것인가
연지로 내리는 길목에
발자국은 맑고 밝아서
부르는 노래마다 꽃봉오리인가
오르는 욕망보다 내리는 사랑이 좋아서
서로 포옹하는 산바람아,
삶의 전장터에서
절대로 물러서지 말아라
당신의 두터운 자비로
싸고 또 둘러싸서
무지개 피어 올라라.

5
징검 돌

어느 문門

저것은 뿌리 같은 영혼들이
갈망하는 사랑,
단절된 마을에 찬비 뿌린다
한 사내 홀로 외로운 믿음으로
산을 오른다.
자꾸만 헛디뎌 어둡게 다친 발로
산을 오른다
싸늘한 조각달,
하늘 벼랑에 매달려 있다
깊은 강물 위로 가랑잎 흐른다.

바위와 소나무

사랑하는 사람아,
산 중턱에 뿌리 내린 소나무
바위 틈에 뿌리 내린 소나무처럼
그대는 의지의 한국인이었다
하늘 속 빛살 길을
한정 없이 뚫고 온 햇빛, 달빛이
바위를 어루만져 주고
소나무를 안아주었다
은은히 축복하는 기쁨,
이것은 크나큰 꿈이었다.

어떤 울타리

어떤 울타리 앞에 가면
뜨거운 기도를 한다
나비도 나풀나풀 넘어가고
비둘기도, 멧새도 훌쩍 날아가고
잠자리도, 매미도, 장수풍뎅이도
붕붕 꿀벌도 쉽게 넘어가는데
우리 인간만 자유롭게 오가지
못하는 울타리

미끌미끌 미꾸라지도 쉽게 미끄러지고
통통한 붕어도 여유 있게 헤엄치고
수염 난 메기도 점잖게 지나가는
울타리 밑으로 흐르는 강물
그 울타리 앞에서 기도한다
우리도 자유롭게 넘어가고,
우리도 평화롭게 헤엄칠 수 있게
해달라고.

징검 돌

가슴을 쫙 펴고
힘차게 발을 내어 딛고 건너간다
돌돌돌, 시냇물은 흐르고
중요한 것은 속도가 아니라 리듬이다

돌돌돌 흘러가는 물은
노래를 하고
물 위에 윤슬은 빛나고
봉숭아꽃 화안하게 핀
고향마을이 보고 싶다.

갑사 甲寺

한산 스님은
"흰구름이 그윽한 돌을 품고 있다"
라고 했다
무슨 문짝도 빗장도 없으니
홀로 파초잎 위로 흰 달빛 즈려 밟으면
두둥실 으뜸이 되는 절

누군가 저 종소리 속에서
이승도 저승도 담기지 않는
크나큰 삶을 만들고 있나니
비 맞아 세상이 우중충할 때는
갑사 여기 와서
'백운포유석 白雲抱幽石'
되어라.

속리산

나 바라는 욕심 없으니
비 맞으면 새잎이 돋을 듯한
나무되고,

봄바람을 만나면
아침 하늘에 펄럭이는
깃발이 되던 것을

세상 온갖 것도 밤이 오면
어둠에 덮여
마침내 전설이 되던 것을.

노래 · 1

동박새 앉았다 날아간
저 나뭇가지처럼

파초 푸르른 잎
즈려밟고 가는
저 달빛처럼,

나래 없는 그림자
땅에 그리는
저 새털구름처럼.

노래 · 2

대답 없는 그녀를
대금 소리로 불러놓고
살며시
창가에 가면
스멀스멀 멀어져가는
어둔 그림자,
하늘 밖
아슬한 끝까지
높이 높이 높아가는
그리운 메아리.

노래 · 3

바람에 날린 물보라
차갑게 얼굴을 칩니다

고향 그리워
찾아가는 열차 속,
초승달이 구름 위를 지나갑니다

바람이 쓸쓸하게 붑니다
고향의 산과 들,
그 사이로
황새 한 마리 날아갑니다.

꿈 같은 세월

옛 시조에도 있었다
"오는 세월 가시로 막아도, 세월은
어느새 귀밑에 하얗게 스며들었다"라고,

열린 마음으로
총총히 걸어왔던 지난 세월들,
젊어 한창때 여름날은
그냥 좋아 기뻐했건만

어느새
가을날 울음빛 단풍이 들었구나
꿈같은 세월이여,
아련히 흘러간 진리의 세월이여,
세상을 향해 춤추는 삶,
하늘의 비밀을 어떻게 알까.

하얀 돌
- 《한강》 작가의 '파란 돌'을 읽고 -

한강 작가는 처음엔
시를 쓰는 시인이었다

"십년 전 꿈에 본
파란 돌
아직 그 냇물 아래 있을까
난 죽어 있었다네
죽어서 봄날의 냇가를 걷고 있었다네
아, 죽어서 좋았다네
환했는데 솜털처럼
가벼웠는데 〈하략〉"

나도 어렸을 때
'하얀 돌'을 꿈에
본 적이 있었다
투명하고 푸르른
물속에서 빛났던

고향의 돌,
하얀 돌을 보았다
나는 죽음을 본 게 아니라

고향의 그리움,
고향의 반짝거림으로
하얀 돌을 보았다
하얀 돌은 하늘에 올라
하얀 별이 되었다.

禪窓夜寂曾不夢塵勞
性靜月長滿神清風自高

錄耘岩先生詩一首己亥年冬日月汀金容燉

그윽한 뜻

시인은 어느 때라도
시인은 누구에게라도
영혼을 팔지 말아야 한다
듣고 싶었던
들풀, 들꽃의 노래 터지자마자
보고 싶어도 참는 것,
이끼낀 정신의 뜬눈으로 찾아보았다
그윽한 뜻 숨긴 미소의 그대여,
그래 가장 즐거운 낯으로
모든 것 피기 전에 다시금 피어주오
시기의 암울한 그늘을
싱그러운 눈빛으로 다시금 지워주오.

뤼순中國旅順 감옥 탐방
– 안중근 의사 그리며 –

하늘이 저리 슬픔에 잠겼는데
내 추위의 일부를 적시며
눈 내리고 시린 손을 호호 불며
해 저문 뤼순 감옥 앞을 서성거립니다
정녕 이 나라를 위해
한국 침략의 원흉, 동양 평화의 교란자,
이토 히로부미를 향해 의탄 쏘시고
32세로 순국하신 안중근 의사님이시여
자작나무 가지 저쪽에서
눈 쌓인 나라 사랑의 산정까지 불어닥치는
피끓는 추모의 바람이여,
백두산 천지에서 한라산 백록담까지
존경하는 우리 후손들의 눈망울에
핏줄의 금이 가고 있을 때
임이시여, 안중근 의사님이시여
임의 주검은 어디에 계시나이까,

잿빛 세상 바람이 허약한 나뭇가지들을 건드리며
지날 때마다, 우리 후손들의 핏줄은 조금씩
땅밑으로 애국의 뿌리를 내리고,
추모하는 마음 또한 그 뿌리 밑으로 젖어듭니다
아아, 안중근 의사님이시여,
굽어 살피시옵소서,
우리가 해방은 되었으나 아직 통일은
이루지 못하였나이다.

안중근 의사의 어머니 편지
- 뤼순 감옥에 갇힌 안 의사에게 -

먹구름이 태양을 가리고
시커먼 침략 야욕이 이 나라를 빼앗은 아픔의 나날이었다
영웅이 나타나고 협객이 필요한 시기였다
일본은 악착같이 나라를 빼앗으려는 전쟁 미치광이의
꿈에서 깨어나지 못하고 조선과 중국을 멸망시키는 것도
어렵지 않다고 떠벌였지만
이 나라의 영웅은 분연히 일어났다
동지들과 손가락 자르며
조국 독립운동을 맹세했던 안중근 의사!
그는 한국 침략에 앞잡이 역할을 한 민족의 원수,
동양 평화의 교란자,
이토 히로부미를 저격하려고
치밀하게 준비하였다
거리는 삼엄하고 살벌했지만
일본 기자로 변복하고
하얼빈역에 잠입한 안중근 의사!
마침내 안 의사의 총끝에서

붉은 불 번쩍이더니
원수의 가슴에 정확히
세 발이나 관통시켜 버렸다
1909년 10월 26일 오전 9시 30분이었다
뤼순 감옥에 갇힌 안 의사에게
어머니는 뜨거운 편지를 보냈다
"너는 할 일을 다했고 대한인이라면 누구든지 갈 길이니라
이에 이른즉
딴 맘 먹지 말고 당당히 하늘나라라도 가거라
옳은 일을 하고 받은 형이니
비겁하게 삶을 구하지 말고
대한 남아로서 의로운 일을 한 의인답게 대의에 죽는 것이
어미에 대한 효도이니라"
아들의 죽은 앞에서 애통해 하기보다
당당히 하늘나라로 떠나라 한

이 어머니의 이름은 조 마리아 여사였다
그 어머니에 그 아들,
그 모자의 애국심은 천추에 빛나오리라
내 평생 기리는 시작품을 쓴들
저 안 의사와 어머니의 애국심엔
띠끌만큼도 닿지 못하니
그 뜨거움을 전부
높은 하늘에 올리고 싶다
가장 밝디 밝은 태양처럼
안 의사와 그 어머니는
조국이 칠흑같은 어둠 속에서
방황하던 때에
찬연히 타오른 애국의 뜨거운 불꽃 이었다.

길 찾아

그윽한 구름이
그윽한 돌을 껴안고 있는 오솔길,
세상 하는 일이란
꽃 이파리 바깥의 일,
꽃봉오리 깊이 꽃물이 고이면
길은 꿈속으로 열리고
그 길은 하늘로 올라가고 있다
그곳에서 서성이는 시인은 찾는다
꽃 피거나 바람 불거나
봉황새 한 마리 날아오르는 길을.

아침의 노래

봄빛과 수묵화처럼
번지는 어둠 헤치고
아침은 싱그럽게
내 가슴에 스며드네
아침엔 각 종교 기관에서는
영혼의 호흡,
기도를 올린다
새 소식을 실은 신문이
집집마다 배달되고
미화원들은 거리와
건물들을 청소하네
택배 배달원들은
시원스레 뚫린 거리를 질주하며,
산타클로스처럼
물품들을 전달하네
하늘에선 천사들이
깨끗한 면포로

공해에 찌든 곳들을
닦아주고 있다네
그래서 이 아침은
아직 거기
아이 눈동자처럼 맑고,
밝고 고요하다.

사람 벽壁

세상엔 참으로 벽이 많다
황토벽, 콘크리트 벽, 나무 벽
참으로 벽이 많아
그 가운데서도
가장 두꺼운 벽,
철근 같은 벽은
'사람 벽' 이라네
그래서
'열 길 물 속은 알아도
한 길 사람 속은 모른다'
라는 속담도 있네
그 벽을 뚫는 길은
책 읽고 생각하고
시詩를 쓰는 것이라네
새롭게 열린 길 찾으러
나는 오늘도 희망과
꿈을 지니고 벽을 뚫는다

절망과 고통의 깊은 신음 속에서도
벽 뚫고, 새 길 찾아 떠난다
희망과 땀과 희망의 시를 쓴다.

쓸쓸함, 외로움, 싱그러움

외로움도 정다운 친구 된다기에
카메라 하나 둘러메고
이리저리 떠돌았지요
철썩이는 파도와 갯바람 맞으며
셔터를 눌러대기도 했지요
방파제 한쪽에 자리잡고 앉아
나 혼자 쓸쓸히 소주도
마셔 보았네
종이컵 가득 그리움 한 잔
종이컵 가득 시詩 한 수 담으며
외로움을 견디어냈지요
나 한 잔, 그리움 한 잔
나 한 수, 그리움 한 수
문득,
내 그리움이
비틀거리며 일어나
하늘 높이 톺아오르는

싱그러운 노래가 되었네
쓸쓸함도, 외로움도
싱그러운 노래가 되었네.

버클리의 추억 • 1

고색창연古色蒼然 이란 낱말을 아시나요
머얼리 미국 땅 버클리 대학을 생각하면

이 봄밤
내 마음에 그 단어가 떠오릅니다
오래 되어
옛 풍치 그윽한 버클리의 건물들,

이 봄밤
작은 불꽃처럼 내 가슴에 깜박거리는
다정하였던 교수들이 떠오릅니다

이 봄밤
어두울수록 더욱더 빛나는 별처럼
따스한 그리움으로 흐르는
학문의 전당이 떠오릅니다.

버클리의 추억 • 2

캘리포니아주 중서부에 우뚝 선 버클리대학교
이 멋들어진 대학에 밀물처럼 몰려오는 어둠,
시가지가 보이는 캠퍼스 오솔길에서
불을 키우고 어둠을 밝혀
먼 옛 마을에 찾아와 상아탑을 세웠다는
철학자 조지 버클리여
우리가 열심히 쌓아 두었던
벽돌 같은 빌딩과 알 수 없는 나라 모양의
바벨탑 같은 것들을 바라보면
철학자처럼 사는 일은 서리보다 차갑고
먼 산과 물이 그리도 낯설었는가
깊은 믿음으로 하늘을 불러
깊이 외칠 수 있으리니
세상의 들뜬 것들을 가라앉히는
버클리의 다양한 호흡이여,
그리운 그날의 추억이여.

버클리의 추억 · 3

그대여,
모름지기 캘리포니아주에 가거든
버클리의 고상한 학문의 향기를
느껴보아야 하지 않겠나
우리들 가슴이
이 한반도의 매운 계절을 뜨겁게 안 듯이
버클리도 미국의 발전을 위하여
활짝 열려져 있더군

그대여,
모름지기 캘리포니아주에 가거든
다정하게 어깨동무 하듯이 살아가는
버클리의 착한 사람들을
만나 보아야 하지 않겠나
버클리에는 거기서 맞는 아름다운
아침 해의 대학이 있다네.

책册

비 그친 후에도
우리를 벅차게 하는 것은
노아의 방주에서 사람들과 동물들이 내린 후,
칠색 무지개가
순결한 혼으로 떠오른 것이었네
가벼운 울림으로
끊임없이 솟구치는 수증기는
작고 겸손하여 눈에 잘 보이지 않지만,
그 물방울들 모여 구름이 되어
온갖 축복과 생명의 비가 되었네
많은 책들도 하나 둘 쌓여
무지와 몽매의 인간들을 깨우쳤네
내가 가장 좋아하는 격언은
"사람은 책을 만들고 책은 사람을 만든다"
이다.

《벤허》의 경주마

《벤허》 영화의 절정은
네 마리 경주마가 숨가쁘게 달리는
전차 경주 장면이었지
예전엔 유다 벤허의 친구였으나 이젠 적이 된
멧살라,
그는 채찍을 마구 휘둘러
전차 탄 사람들을 하나씩 둘씩
제거해 나갔지
허나, 벤허는 사랑하는 경주마에게
조금도 채찍을 휘두르지 않았지
애정과 격려로만 말들을 다루었지
경기장을 여러 전차들이 달리고
경주마들이 눈보라처럼 쏟아내는
거친 호흡소리, 피비린내
멧살라의 무자비한 채찍질에
경주마는 쓰러지고 선수는 죽어 나가고
벤허는 그 와중에서도

사랑과 격려의 기도를 올렸지
"내 애마들아,
있는 힘껏 달려라"
마침내 악착스런 멧살라는
쓰러져 피투성이가 되고
유다 벤허는 경주에서 이겨
월계관을 쓰게 되었지
허나, 벤허의 어머니와 누이동생은
문둥병에 걸려 눈물이 솟구치는
고통의 세월을 보내고 있었지
이때 성스러운 기적이 일어났지
골고다 언덕에서 예수님이
십자가에서 피 흘리며 순교하실 때
"엘리 엘리 라마 사박다니—"
기적은 일어났지
아아, 성스러운 기적!
벤허의 어머니와 누이동생은

믿음과 눈물과 사랑의 기도로
기적이 일어나 문둥병이 깨끗이 완쾌되었지
이때 나에겐 전기처럼
짜릿한 감동이 온몸을 휘감았지

아주 옛날, 공군 시절
단체로 수원 비행장에서 대한극장까지
70밀리 영화《벤허》를 보러 갔었지
《벤허》를 연기한 찰톤 헤스톤
멧살라를 연기한 스티븐 보이드
그 열연에 감동받았지
윌리엄 와일러 감독도 이렇게 말했다지
'신이시여,
제가 이 영화를 만들었나이까?'

지금도
영화《벤허》를 떠올리면

젊은 공군이 되고,
그 추억은 등불을 들고
쾅쾅쾅!
공군의 문, 핑크빛 커튼 사이로
행복하였던 회억의 문을 두드리지
가끔 화랑에 가서
눈 오고 비 오고
벼락치고 태풍 불어도
그 속을 늠름하게 달리는
군마들의 그림을 보면
《벤허》영화가 떠오르고
빛났던 공군 시절,
뜨겁게 노래 부르던 시절,
그리운 눈빛을 찾아보게 된다네.

은혜로 만남
– 청강 이우규(靑江 李禹圭) 고문님 –

새벽에 일어나
이우규 고문님을 떠올리면
별들도 잠든 고요,
가만히 창문 너머로 다가오는
넓은 자비심과
푸르디 푸른 은혜로운 만남에 설레게 됩니다

호호 입김 나는 한겨울에도
은혜로운 고문님을 떠올리면
바람이 낙엽을 깔고 누웠다가
초록빛 꿈을 안고 일어나듯
싱그러운 예술의 기운이 샘솟습니다

새삼 은혜로운 만남,
고문님을 떠올리면
싱싱한 연잎에 구르는 이슬방울처럼
그림과 서예를 사랑하는 마음,

겸손하면서도 뜨거운 예술혼,
맑고 밝고 훈훈한 고문님의 노래에
우리 모두 감동하게 됩니다

둘이 아닌 하나의 심오한 예술 정신,
해와 달
천지의 약속같이,
고문님의 빛깔과 내음에
깊이 머리 숙여 경하드립니다
고문님이시여,
만수무강하시옵소서.

〈평설〉

무지갯빛 희망을 꿈꾸는 종합 예술인

―《저 흰구름 흘러가는 길》을 읽고

장철주(문학평론가,《현대작가》주간)

1. 애국과 그리운 고향의 노래

 의식적이든 무의식적이든 한 편의 시작품 속에는 시인이 의도한 의미가 내재해 있다. 그러나 그 의도가 훌륭하다고 하여 반드시 좋은 시작품이 된다는 보장은 없다. 의도는 어디까지나 계획의 차원이고 시작품은 실제의 차원이기 때문이다.
 좋은 시의 요건은 무엇일까? 이런 물음에 따뜻한 위안과 뜨거운 감동을 먼저 꼽는 평론가들이 많다. 그런 평론가들은 시작품의 본질을 시인의 내적 경험의 순간적 통일성,

그 강렬한 감정이나 정서에서 찾곤 한다.

이런 특성은 시의 화자가 주로 일인칭인 이유이자 서정시가 고백 형식을 띠는 데서 연유한다. 시인 특유의 내적 체험이 보편적 정서와 연계됨으로써 독자들은 주관적이고 사적인 시인의 내면을 공감하고 공유하게 된다. 시인의 고백이 독자의 공감으로 공유되었을 때, 감동과 위안을 주는 좋은 시의 요건을 충족시킨다.

김용환 시인은 첫 시집 《저 흰구름 흘러가는 길》에서 감동과 위안을 주는 좋은 시작품을 많이 보여주었다.

김용환 시인은 저명한 출판인으로서 전문서적, 대학교재뿐만 아니라 학원세계대백과사전, 한국민속대관, 여성백과사전, 학생백과사전, 세계문학전집, 한국인의 족보, 광복20년, 제3공화국, 요리백과 등 한국출판사 역사에 기록될 만한 대작들을 기획, 편집, 발간을 진두 지휘하였다.

또한 시 창작뿐만 아니라 서예(한글, 한자 등), 한국화, 작품사진 등 여러 예술 분야에서도 뛰어난 경지에 오른 유니크한 예술인이다.

말년에는 대한기로미술협회 사무총장으로서 여러 회원들과 더불어 미국, 일본, 중국, 대만 등지의 대학교와 예술단체들과 교류하며 작품을 전시하는 등, 국위 선양에도 앞장선 예술인이 바로 김용환 시인이다.

하늘이 저리 슬픔에 잠겼는데
내 추위의 일부를 적시며
눈 내리고 시린 손을 호호 불며
해 저문 뤼순 감옥 앞을 서성거립니다
정녕 이 나라를 위해
한국 침략의 원흉, 동양 평화의 교란자,
이토 히로부미를 향해 의탄 쏘시고
32세로 순국하신 안중근 의사님이시여
자작나무 가지 저쪽에서
눈 쌓인 나라 사랑의 산정까지 불어닥치는
피끓는 추모의 바람이여,
백두산 천지에서 한라산 백록담까지
존경하는 우리 후손들의 눈망울에
핏줄의 금이 가고 있을 때
임이시여, 안중근 의사님이시여
임의 주검은 어디에 계시나이까,
잿빛 세상 바람이 허약한 나뭇가지들을 건드리며
지날 때마다, 우리 후손들의 핏줄은 조금씩
땅밑으로 애국의 뿌리를 내리고,
추모하는 마음 또한 그 뿌리 밑으로 젖어듭니다.
아아, 안중근 의사님이시여,
굽어 살피시옵소서.
우리가 해방은 되었으나 아직 통일은

이루지 못하였나이다.

―시 〈뤼순 감옥 탐방〉 전문―

꽃 피는 봄, 단풍 고운 가을
우리 초등학교 소풍은
현충사로 많이 갔었네
임진왜란 때 우리나라를 구한
세계적 명장이신 이순신 장군을 모신
충남 아산시 염치읍 백암리에 자리한
현충사로 자주 갔었네
담임 선생님은 소풍 전날부터 충무공에 대해
말씀해 주셨지
억울한 누명 쓰고 백의종군 白衣從軍
때에도
오직 나라만 생각하셨고,
원균이 패하여 전선이 많이 무너진 걸
선조 임금이 걱정하자
"신에게는 아직 열두 척의 배가 있사옵니다"
늠름한 음성으로 답하셨네
조선의 풀잎들조차 엎드려
일제히 성긴 머리를 풀어

충무공 이순신 장군을 찬양하였네
조총 들고 승승장구하던 왜군들
그 누가 알았으리
우리 조선 바다에
삼도 수군통제사 충무공 이순신 장군이
꿋꿋하게 우뚝 계셨음을

〈중략〉

현충사에 가서 충무공 영정과 검도를
우러러볼 때마다
기억하라고 타는 눈빛으로
건네주시는 말씀
"나라를 사랑하고, 나라를 위해 일하라"
오늘 우리는 알겠네
일찍이 어린 시절부터
장엄한 나라 사랑을 온몸, 온정신으로 배운
우리들은
심연에서 울리는 애국심도
오늘까지 순열한 가슴으로 모시고 사네.

—시 〈현충사〉 부분—

위에 인용한 〈뤼순 감옥 탐방〉〈현충사〉뿐만 아니라 〈안중근 의사의 어머니 편지〉 등만 보아도 김용환 시인의 나라 사랑의 뜨거운 열정을 느낄 수 있다. 이처럼 뛰어난 애국시의 소유자가 어디에 숨어 있다가 왜 이제야 우리 앞에 나타났단 말인가. 나타난 게 아니라 우리가 게을러 발견하지 못했다는 말이 적절할 것이다.

    고향 길 걷는다,
    자꾸만 사라지는 발자국처럼
    반짝이는 가로수 잎새에
    한 마디씩 떨어지는 그리움을 벗삼아,

    해마다 흰머리 쓰다듬으시던
    어머니에게 눈물이 되어 선 안 된다
    입술 푸른 뻐꾸기는
    고요를 시늉한 붉은 노을 속
    정박한 이야기인가

    가다가 더러는
    슬몃 어머니 숨결이 다가오는데
    고달픈 나날이 사무치도록.

어젯밤 꿈에는 새하얀 무명옷 차려입은
어머니,
안방 마루에서 화안히 웃고 계셨다.

—시〈고향 길〉전문—

고향 검은들 길을 걸으면
하루 종일 걸어도
다리가 아프지 않습니다

고향 검은들 길을 걸으면
매서운 추위도 안 무섭고
펑펑 쏟아지는
함박눈은 즐겁습니다

고향 검은들 길을 걸으면
자치기 하던 친구들
뒷동산에서 축구하던
친구들이 떠 오릅니다

고향 검은들 길을 걸으면
머리 하얀 친구들도

어릴 때의 달콤하면서도
그윽한 추억에 잠깁니다
저 하늘의 평화
야생 찔레꽃 향기가
길 위에 가득합니다.

―시〈검은들〉 전문―

위에 인용한 〈고향 길〉〈검은들〉 뿐만 아니라, 김용환 시인은 〈고향 하늘〉〈갑사〉〈수덕사에 눈 내리면〉〈초등학교 교정〉〈설화산〉〈신정호〉〈신정관〉〈영괴대〉〈온양 1, 2〉〈옥정교 1, 2〉〈고향의 곡교천〉 등에서도 고향을 노래하고 있다.

우리는 여느 시인들과 구별되는 김용환 시인의 방법적인 특이성, 유니크한 시의 표현법에 대해 새삼 주목할 필요가 있다.

요즘 시단에서 끈임없이 거품처럼 밀려드는 평범성, 일반성, 상투성, 범속성 등 지리멸렬함을 소멸시킨 김용환 시인이 자신의 존재를 힘겹게 이동시켜 간 그곳은 바로 고향 온양온천이었다.

김용환 시인은 민중적 서정시인이면서도 주지적主知的

모더니스트로서의 신념을 사회파 모더니즘으로 변용시킨 시작품들도 더러 있다.

2. 살아 있는 시어詩語로 표현한 서정의 세계

그리운 이여,
이 겨울 바다가 허락하지 않은
보고픔이
저문 파도로 우리의 꿈을
어지럽히는 까닭을 아는가

그리운 이여,
이 겨울엔 절망이란 말을 버리자
처얼썩 철썩
그대의 뜨거운 노래를
초록빛 섬을 가두고
왜 희망의 꿈을 적시는지 아는가

그리운 이여,
차갑고 투명한 시어詩語를
슬쩍 찾아온 별빛이
처얼썩 철썩

왜 끊임없이 파도에 마음을
실어보내는지 아는가
그리운 이여!

―시〈겨울 바다〉전문―

봄이 오면 멋들어진 차를 타고
연분홍 살구꽃 핀 마을에 가리라
진달랫빛 봄바람 불어오면
휘파람 불며 불며
아지랑이 길을 걸으리라
이 세상에서 가장 행복한 미소를 지으며
모두 용서하고 모두 사랑하며,
은난초 핀 오솔길을
노고지리 노래 따라
걷고 또 걸으리라

봄이 오면 돛단배 타고
수평선 저 멀리 멀리 나아가리라
싱그러운 하늘빛 돛을 올리고
다사로운 햇살 아래,

그리운 사람들을 찾아가리라
구름 뚫고 솟아오르는
푸르른 노래를 부르리라

―시〈봄날은 간다〉부분

김용환 시인은 위에 인용한〈겨울 바다〉〈봄날은 간다〉외에도〈봄꽃과 초록잎〉〈눈 내린 새벽〉〈가을꽃은 행복〉〈그윽한 뜻〉등에서 살아 있는 시어詩語로 뛰어난 서정의 세계를 표현하고 있다.

간결하면서도 깊고 넓은 김용환 시인의 서정적 체험들을 감상하고 있노라면 우리는 자기도 모르게 무심하고 깨끗한 무중력의 공간에서 부유하고 있는 자신을 발견할 수 있을 것이다. 또한 도덕적 자세와 품격까지도 느낄 수 있을 것이다.

"고색창연이란 낱말을 아시나요/ 머얼리 미국 땅 버클리 대학을 생각하면/ 이 봄밤/ 내 마음에 그 단어가 떠오릅니다/ 오래 되어/ 옛 풍치 그윽한 버클리의 건물들/ 이 봄밤/ 작은 불꽃처럼 내 가슴에 깜박거리는/ 다정하였던 교수들이 떠오릅니다.〈하략〉"
―시〈버클리의 추억 1〉부분―

〈버클리의 추억 1, 2, 3〉과 〈하얀 돌〉 등을 감상하노라면 김용환 시인의 첫 시집은 한국 문단에 신성한 충격을 경험하게 할 것이다. 한국 문단의 시작품들이 경박한 기교주의, 이질적인 로맨티시즘, 어설픈 초현실주의와 다다이즘 또는 실존주의 따위가 마구 흩뿌려대는 치기방만함이나 몽롱함 등에 빠져 있을 때, 우리의 김 시인은 민중적인 정서와 쉽고 부드러운 시언어로서 보편주의의 시정신을 철저히 지켜왔다고 보여진다.

꾸준히 오래 닦아나온, 그 깊은 내공의 김용환 시인의 시작품이 우리 곁에 늘 옹달샘처럼 샘솟기를 축원드린다. 김용환 시인의 첫 시집 《저 흰구름 흘러가는 길》의 출간을 다시 한번 경하드리며, 이만 중언부언을 접는다.

저 흰구름 흘러가는 길

지은이 | 김용환

초판 1쇄 2025년 4월 25일

펴낸이 | 길명수
펴낸곳 | 배문사
출판등록 1989년 3월 23일, 제10-312호
주소 서울시 서대문구 충정로 2가 37-18
전화 (02)393-7997
e-mail pmsa526@empas.com

편집 인쇄 삼중문화사
ⓒ 김용환, 2025

ISBN 979-11-989654-4-8(03810)

값 10,000 원

* 낙장 및 파본은 교환하여 드립니다.
  이 책의 판권은 지은이와 출판사에 있습니다.
  양측의 서면동의 없는 무단 전재 및 복제를 금합니다.

* 이 책은 한국예술인복지재단의 창작준비금 지원을
  받아 발간하였음.